TRAVEL JOURNAL

Los geht's!

....

Wir fahren vom .... bis ....

nach ....

BRUCKMANN

Nur für den Notfall

Falls die Tasche verschwindet:

Pass-/Personalausweisnummer: ....

Ausgestellt von: ....

Krankenversicherungsnummer: ....

Versichert bei: ....

Kreditkartennummer: ....

Führerscheinnummer: ....

Im Notfall/in case of emergency/en cas d'urgence:

Name: ....

Adresse: ....

Tel.: ....

Falls ihr Hilfe braucht …

EU-Notruf: **112** (Polizei, Feuerwehr, Rettungsdienst)

Kredit-, Handy- und EC-Kartensperre: **+49 116 116**

Notrufnummer des Auswärtigen Amts: **+49 30 1-17 0**

oder der Akku leer ist …

Name: ……………………………………………………………………

Tel.: ……………………………………………………………………

Name: ……………………………………………………………………

Tel.: ……………………………………………………………………

Name: ……………………………………………………………………

Tel.: ……………………………………………………………………

Mädels, das muss unbedingt mit:

1. Kleidung:
- ☐ Pullover
- ☐ T-Shirts
- ☐ Hosen
- ☐ Kleider
- ☐ Schuhe
- ☐ schicke Kleidung
- ☐ Socken
- ☐ Unterwäsche
- ☐ Bikini
- ☐ Schlafanzug/Dessous
- ☐ Schal
- ☐ Jacke/Mantel

2. Beauty-Artikel:
- ☐ Duschgel
- ☐ Shampoo
- ☐ Conditioner
- ☐ Zahncreme
- ☐ Zahnbürste
- ☐ Haargummis
- ☐ Parfüm
- ☐ Deodorant
- ☐ Rasierer
- ☐ Taschentücher
- ☐ Bodylotion
- ☐ Make-up
- ☐ Wimperntusche
- ☐ Rouge
- ☐ Abschminklotion
- ☐ Gesichtscreme
- ☐ Handcreme
- ☐ Damenhygieneartikel

3. Sonstiges:
- ☐ Kredit- bzw. EC-Karte
- ☐ Führerschein
- ☐ Versicherungsdokumente
- ☐ Ausweis/Pass
- ☐ Sonnenbrille und -creme
- ☐ Handy/Ladekabel
- ☐ Regenschirm
- ☐ Stift
- ☐ Reiseführer
- ☐ Reiseunterlagen (Tickets, etc.)
- ☐ Kamera
- ☐ Lesestoff
- ☐ Schmuck
- ☐ Kofferwaage
- ☐ zusätzliche Tasche/Koffer für Einkäufe

Und das darf auch nicht fehlen:

- [ ] ....
- [ ] ....
- [ ] ....
- [ ] ....
- [ ] ....
- [ ] ....
- [ ] ....
- [ ] ....
- [ ] ....
- [ ] ....
- [ ] ....
- [ ] ....
- [ ] ....
- [ ] ....

Mädels, das muss unbedingt mit:

- ☐ ……………………………………………………………
- ☐ ……………………………………………………………
- ☐ ……………………………………………………………
- ☐ ……………………………………………………………
- ☐ ……………………………………………………………
- ☐ ……………………………………………………………
- ☐ ……………………………………………………………
- ☐ ……………………………………………………………
- ☐ ……………………………………………………………
- ☐ ……………………………………………………………
- ☐ ……………………………………………………………
- ☐ ……………………………………………………………
- ☐ ……………………………………………………………
- ☐ ……………………………………………………………

Achtung Schwertransport!

Gewichtsbeschränkungen für Gepäck bei Airline checken.

Man kann ja nie wissen ...

Kleine Reiseapotheke

- ☐ Schmerztabletten
- ☐ Pflaster
- ☐ Salbe
- ☐ Desinfektionsmittel
- ☐ Kohletabletten
- ☐ Tabletten gegen Reiseübelkeit
- ☐ Aspirin
- ☐ Blasenpflaster
- ☐ Verhütungsmittel

- ☐ ....
- ☐ ....
- ☐ ....
- ☐ ....
- ☐ ....
- ☐ ....

Postkarten senden an:

Name: ....

Straße: ....

PLZ/Stadt: ....

Name: ....

Straße: ....

PLZ/Stadt: ....

Name: ....

Straße: ....

PLZ/Stadt: ....

Name: ....

Straße: ....

PLZ/Stadt: ....

Name: ....

Straße: ....

PLZ/Stadt: ....

Name: ....

Straße: ....

PLZ/Stadt: ....

Name: ....

Straße: ....

PLZ/Stadt: ....

Name: ....

Straße: ....

PLZ/Stadt: ....

Das wollen wir unbedingt sehen:

Name: ....

Straße: ....

Metro: ....

Bemerkung: ....

Name: ....

Straße: ....

Metro: ....

Bemerkung: ....

Name: ....

Straße: ....

Metro: ....

Bemerkung: ....

Name: ....

Straße: ....

Metro: ....

Bemerkung: ....

Name: ....

Straße: ....

Metro: ....

Bemerkung: ....

Name: ....

Straße: ....

Metro: ....

Bemerkung: ....

Das wollen wir unbedingt sehen:

Name: ....

Straße: ....

Metro: ....

Bemerkung: ....

Name: ....

Straße: ....

Metro: ....

Bemerkung: ....

Name: ....

Straße: ....

Metro: ....

Bemerkung: ....

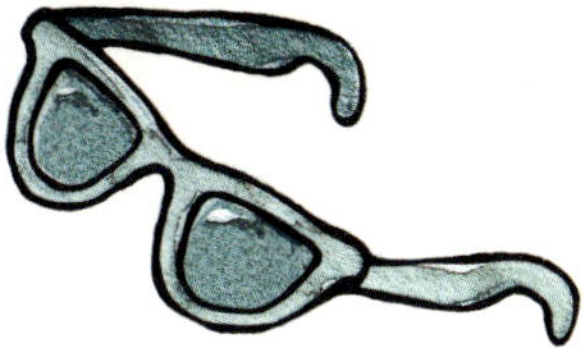

Name: ....

Straße: ....

Metro: ....

Bemerkung: ....

Name: ....

Straße: ....

Metro: ....

Bemerkung: ....

Name: ....

Straße: ....

Metro: ....

Bemerkung: ....

Das wollen wir unbedingt sehen:

Name: ....

Straße: ....

Metro: ....

Bemerkung: ....

Name: ....

Straße: ....

Metro: ....

Bemerkung: ....

Name: ....

Straße: ....

Metro: ....

Bemerkung: ....

Name: ……………………………………………………

Straße: ……………………………………………………

Metro: ……………………………………………………

Bemerkung: ……………………………………………………

Name: ……………………………………………………

Straße: ……………………………………………………

Metro: ……………………………………………………

Bemerkung: ……………………………………………………

Name: ……………………………………………………

Straße: ……………………………………………………

Metro: ……………………………………………………

Bemerkung: ……………………………………………………

Das wollen wir unbedingt sehen:

Name: ....

Straße: ....

Metro: ....

Bemerkung: ....

Name: ....

Straße: ....

Metro: ....

Bemerkung: ....

Name: ....

Straße: ....

Metro: ....

Bemerkung: ....

Name: ....

Straße: ....

Metro: ....

Bemerkung: ....

Name: ....

Straße: ....

Metro: ....

Bemerkung: ....

Name: ....

Straße: ....

Metro: ....

Bemerkung: ....

Lost in the city? Nein, danke!

Kleine Reiseapotheke

Name: ....

Straße: ....

PLZ/Stadt: ....

Taxiruf: ....

Zu erreichen mit: ....

Bemerkung: ....

....

....

....

Jetzt kann's losgehen, oder?

- ☐ Ausweis/Reisepass noch gültig
- ☐ evtl. online eingecheckt
- ☐ Gepäck gewogen
- ☐ Mülleimer geleert
- ☐ Anrufbeantworter aktiviert
- ☐ Kühlschrank zu
- ☐ Herd aus
- ☐ Fenster zu
- ☐ Elektrische Geräte ausgeschaltet
- ☐ Heizung heruntergeschaltet
- ☐ Wasserhähne zugedreht
- ☐ Lichter aus
- ☐ Haustür abschließen nicht vergessen!

- ☐ ....
- ☐ ....
- ☐ ....
- ☐ ....
- ☐ ....

Vor der Abreise: Reisefieber total!

Vorfreude pur*

Tag .... Datum ....

Tag Samstag Datum 28.11.

Ausflug mit Simone und
Birgit nach Nürnberg.
Wir besuchen Bernhard.
Ich werde Stullen schmieren :)

Eine Reise ist ein vortreffliches Heilmittel für verworrene Zustände.

Franz Grillparzer

Tag .... Datum ....

Tag .... Datum ....

Tag .... Datum ....

Tag .... Datum ....

Tag .... Datum ....

Tag .... Datum ....

Reisen veredelt den Geist und räumt mit unseren Vorurteilen auf.

Oscar Wilde

Tag .... Datum ....

Tag .... Datum ....

Tag .... Datum ....

Tag .... Datum ....

Unser Lieblingscafé:

Name: ....

Straße: ....

PLZ/Stadt: ....

Tel.: ....

www: ....

Bemerkung: ....

....

....

....

....

....

....

Unser Lieblingscafé-Souvenir*

*Zuckertütchen oder Zahnstocher: Platz für süße Souvenirs

Tag .... Datum ....

Tag .... Datum ....

Man reist nicht nur, um anzukommen,
sondern vor allem, um unterwegs zu sein.

Johann Wolfgang von Goethe

Tag .... Datum ....

Tag .... Datum ....

Tag .... Datum ....

Tag .... Datum ....

Nachahmenswert: Die besten Styles

Tag .... Datum ....

Tag .... Datum ....

....

....

....

....

Ein Schiff, das im Hafen liegt, ist sicher.
Aber dafür werden Schiffe nicht gebaut.

Sprichwort aus England

....

....

....

....

....

....

....

....

Tag .... Datum ....

Tag .... Datum ....

Tag .... Datum ....

Tag .... Datum ....

Tag .... Datum ....

Tag .... Datum ....

....

....

....

....

Die Welt ist ein Buch. Wer nie reist,
sieht nur eine Seite davon.

Augustinus

....

....

....

....

....

....

....

....

Tag .... Datum ....

Tag .... Datum ....

Genug ist nie genug: unser Lieblingsrestaurant!

Name: ....

Straße: ....

PLZ/Stadt: ....

Tel.: ....

www: ....

Bemerkung: ....

....

....

....

....

....

Unser Lieblingsrestaurant-Souvenir*

*Kärtchen, Krümel, Kerzenwachs – Platz für deliziöse Andenken

Tag .... Datum ....

Tag .... Datum ....

Tag .... Datum ....

Tag .... Datum ....

Tag .... Datum ....

Tag .... Datum ....

Entwirf deinen Reiseplan im Großen, und lass dich im Einzelnen von den bunten Stunden treiben.

Kurt Tucholsky

Tag .... Datum ....

Tag .... Datum ....

Tag .... Datum ....

Tag .... Datum ....

....

....

....

....

Es gibt kein sichereres Mittel festzustellen, ob man einen Menschen mag oder nicht, als mit ihm auf Reisen zu gehen.

Mark Twain

....

....

....

....

....

....

....

Tag .... Datum ....

Tag .... Datum ....

Der absolute Shoppingwahnsinn

Name: ....

Straße: ....

PLZ/Stadt: ....

Tel.: ....

www: ....

Bemerkung: ....

....

....

....

....

....

....

Unser Lieblingsshopping-Souvenir*

*Platz für Visitenkarten, Etiketts und sonstige Andenken

Tag .... Datum ....

Tag .... Datum ....

....

....

....

....

....

....

....

....

....

....

....

....

....

....

Tag .... Datum ....

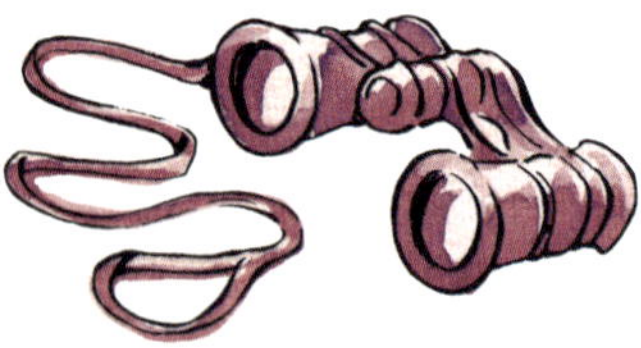

Tag .... Datum ....

Tag .... Datum ....

Tag .... Datum ....

....

....

....

....

Toren bereisen in fremden Ländern die Museen, Weise gehen in die Tavernen.

Erich Kästner

....

....

....

....

....

....

....

....

Tag .... Datum ....

Tag .... Datum ....

Tag .... Datum ....

....

....

....

....

Das Reisen ist auch solch ein Element, das sich jeder Definition entzieht. Wie schnell ist man weit vom gestrigen Tag...

Hugo von Hofmannsthal

....

....

....

....

....

....

....

Tag .... Datum ....

Tag .... Datum ....

...

...

...

...

...

...

...

...

...

...

...

...

...

...

Tag .... Datum ....

Unsere vier Wände auf Zeit

Name: ....

Straße: ....

PLZ/Stadt: ....

Tel.: ....

www: ....

Bemerkung: ....

....

....

....

....

....

....

Andenken an unsere Bleibe*

*Home sweet Home – Souvenirs von Brief- bis Seifenpapier

Tag .... Datum ....

Nur auf das Ziel zu sehen, verdirbt die Lust am Reisen.

Friedrich Rückert

Tag .... Datum ....

Tag .... Datum ....

Tag .... Datum ....

Tag .... Datum ....

Tag .... Datum ....

Tag .... Datum ....

Tag .... Datum ....

Tag .... Datum ....

....

....

....

....

....

....

....

....

....

....

....

....

....

....

Tag .... Datum ....

Tag .... Datum ....

Tag .... Datum ....

Tag .... Datum ....

Tag .... Datum ....

Tag .... Datum ....

Tag .... Datum ....

Tag .... Datum ....

Tag .... Datum ....

Tag .... Datum ....

Tag .... Datum ....

Bleibende ErFAHRungen

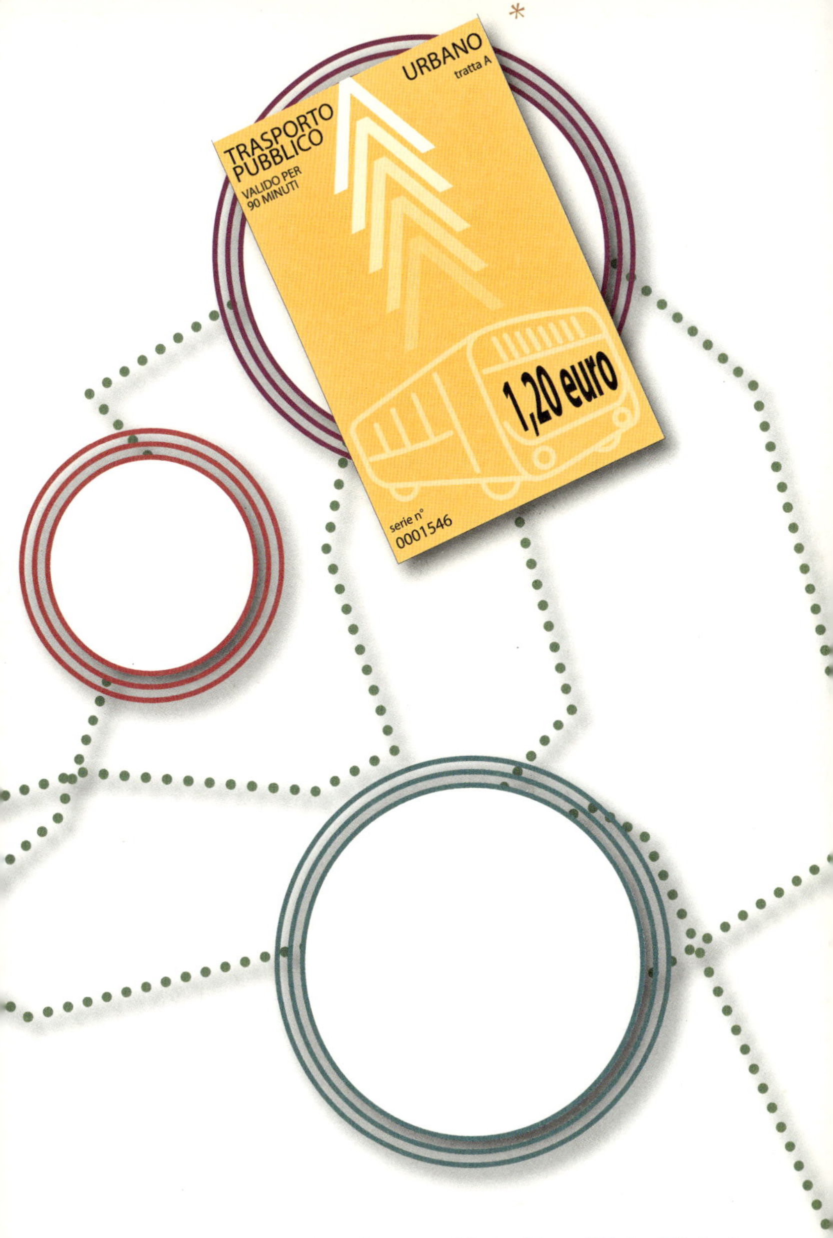

*Metro, Bus und Bahn – so haben wir unseren Urlaub erfahren: Tickets einkleben!

Tag .... Datum ....

Tag .... Datum ....

Tag .... Datum ....

....

....

....

....

Die gefährlichste aller Weltanschauungen ist die Weltanschauung der Leute, welche die Welt nicht angeschaut haben.

Kurt Tucholsky

....

....

....

....

....

....

....

Tag .... Datum ....

Tag .... Datum ....

Unvergessliches Panorama

Der Blick aus unserem Hotelfenster

Tag .... Datum ....

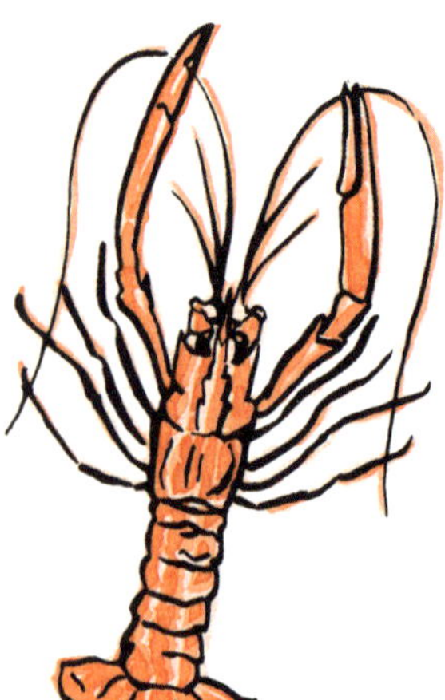

Tag .... Datum ....

Tag .... Datum ....

Tag .... Datum ....

Tag .... Datum ....

Tag .... Datum ....

Nachts sind alle Katzen unterwegs

Alles über die beste Party

....

....

....

....

....

....

....

....

....

....

....

....

Unser aufregendstes Souvenir*

*Platz für Erinnerungen an unseren amüsantesten Abend

Tag .... Datum ....

....

....

....

....

....

....

....

....

....

....

....

....

....

....

Tag .... Datum ....

Tag .... Datum ....

Tag .... Datum ....

Tag .... Datum ....

Tag .... Datum ....

Nur Reisen ist Leben, wie umgekehrt das Leben Reisen ist.

Jean Paul

Tag .... Datum ....

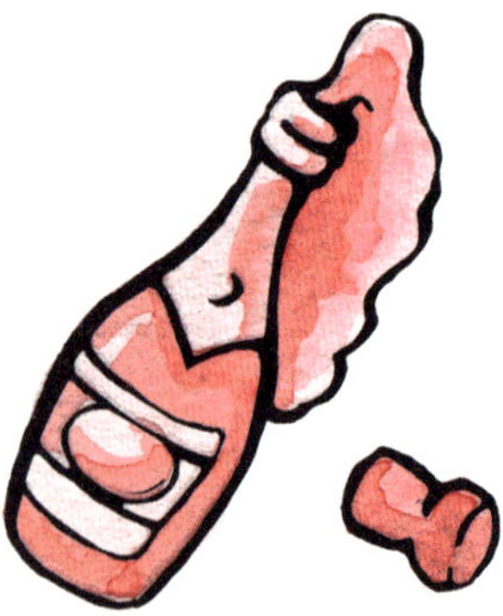

Tag .... Datum ....

Tag .... Datum ....

Tag .... Datum ....

Tag .... Datum ....

Tag .... Datum ....

Tag .... Datum ....

Tag .... Datum ....

Tag .... Datum ....

Tag .... Datum ....

Tag .... Datum ....

Tag .... Datum ....

Die bleibt auf jeden Fall hier!

Die schönste Postkarte wird nicht verschickt, sondern eingeklebt.

Tag .... Datum ....

....

....

....

....

Trudele durch die Welt. Sie ist so schön, gib dich ihr hin, und sie wird sich dir geben.

Kurt Tucholsky

....

....

....

....

....

....

....

....

Tag .... Datum ....

....

....

....

....

....

....

....

....

....

....

....

....

....

....

Tag .... Datum ....

Eindrückliche Hinterlassenschaft*

*Abdruck des unvermeidlichen Kaffeerests am Boden der Tasse in unserem Lieblingscafé

Tag .... Datum ....

Tag .... Datum ....

Der beste Cocktail des Urlaubs:

Name: ....

Zutaten: ....

....

....

....

Bemerkung: ....

....

....

....

....

....

....

Erinnerung an
den leckersten Cocktail*

*Wertvolle Tropfen: Platz für Strohhalm, Schirmchen oder Tropfenfänger eures Lieblingscocktails

Tag .... Datum ....

Tag .... Datum ....

Unsere schönsten und merkwürdigsten Bekanntschaften

Notizen, Geschichten, Eindrücke

....

....

....

....

....

....

....

....

....

....

....

Erinnerungen an unvergessliche Begegnungen*

*Platz für Fotos, Wegbeschreibungen, Telefonnummern oder sonstige Andenken an die unvergesslichsten Begegnungen

Tag .... Datum ....

Tag .... Datum ....

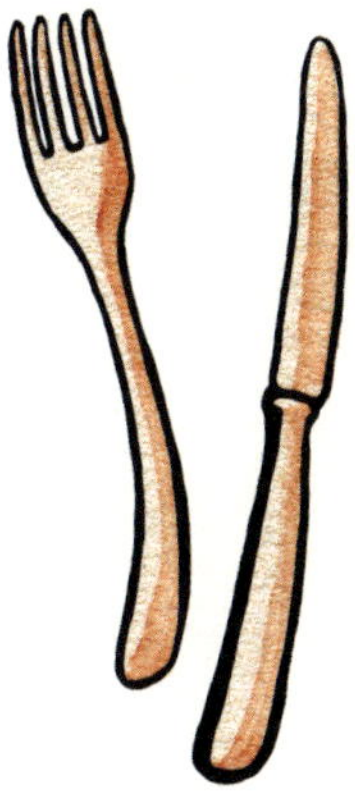

Tag .... Datum ....

Tag .... Datum ....

Tag .... Datum ....

Tag .... Datum ....

Tag .... Datum ....

Tag .... Datum ....

Tag .... Datum ....

Tag .... Datum ....

Haben wollen!
Das mussten wir einfach mitnehmen

Die nackte Wahrheit

*Das Super-Schnäppchen

*Der teuerste Einkauf

Tag .... Datum ....

Tag .... Datum ....

Tag .... Datum ....

Tag .... Datum ....

....

....

....

....

....

....

....

....

....

....

....

....

....

....

Tag .... Datum ....

Tag .... Datum ....

Unbedingt zu Hause nachkochen!

Tag .... Datum ....

Tag .... Datum ....

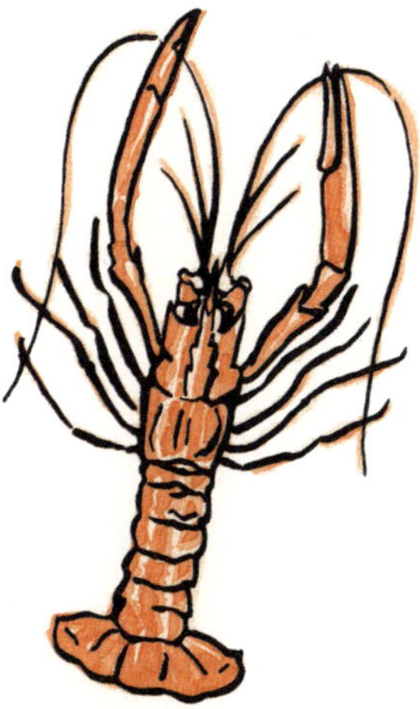

In der Heimat angekommen*

Nach der Reise: Wir sind wieder da

Überlebenswichtiger Kauderwelsch

	Englisch	Französisch
Hallo	Hello	Salut
Tschüss!	Bye	Au revoir
Wie geht's?	How are you?	Ça va?
Ja.	Yes	Qui
Nein.	No	Non
Bitte.	Please	S'il vous plaît
Danke.	Thank you	Merci
Entschuldigung	Sorry	Excusez-moi
Wo ist die Toilette?	Where is the toilette?	Où sont les toilettes?
Was kostet das?	How much is it?	C'est combien?
Einen Kaffee bitte.	I'd like a cup of coffee.	J'aimerais un café.
Die Rechnung bitte.	The bill, please.	L'addition s'il vous plaît!

Italienisch	Spanisch	Schwedisch
Ciao	Hola	Hej
Ciao	Adiós	Hej då
Come stai?	¿Qué tal?	Hur mår du?
Sì	Sí	Ja
No	No	Nej
Per favore	Por favor	Tack
Grazie	Gracias	Tack
Scusa	Perdón.	Ursäkta mig
Dov'è il bagno?	¿Dónde está el servicio?	Var är toaletten?
Quanto costa?	¿Cuánto cuesta esto?	Hur mycket kostar det?
Vorrei un caffè.	Me gustaría un café.	Jag ska be att få en kaffe.
Il conto, per favore.	¡La cuenta, por favor!	Får jag be om notan!

Überlebenswichtiger Kauderwelsch

	Englisch	Französisch
Taxi	Cab	Taxi
Ich heiße ...	My name is ...	Je m'appelle ...
Wie heißt du?	What is your name?	Comment tu t'appelles?
Prost	Cheers	A ta santē!
Gibst du mir deine Telefonnummer?	Can I have your phone number?	Je peux avoir ton numēro de tēlēphone?
Ich spreche kein ...	I don't speak English.	Je ne parle pas français.
Lassen Sie mich in Ruhe!	Leave me alone.	Laissez-moi tranquille.
Hilfe!	Help!	Ā l'aide!
Können Sie mir bitte helfen?	Could you please help me?	Pouvez-vous m'aider?
Polizei!	Police!	Police!

Italienisch	Spanisch	Schwedisch
Taxi	Taxi	Taxi
Mi chiamo ...	Me llamo ...	Jag heter ..
Come ti chiami?	¿Cōmo te llamas?	Vad heter du?
Alla salute!	¡Salud!	Skål!
Mi dai il tuo numero di telefono?	¿Me das tu telefono?	Kan jag få din telefonnummer?
Non parlo italiano.	No hablo español.	Jag talar inte svenska.
Mi lasci stare!	¡Dējeme en paz!	Låt mig vara.
Aiuto!	¡Socorro!	Hjälp!
Puoi aiutarmi?	¿Podrīas ayudarme?	Kan du hjälpa mig?
Carabinieri!	¡Policīa!	Polis!

Checken: Hat dieser Laden einen Online-Shop?

Name: ....

Bemerkung: ....

Name: ....

Bemerkung: ....

Name: ....

Bemerkung: ....

Name: ....

Bemerkung: ....

Name: ....

Bemerkung: ....

Name: ....

Bemerkung: ....

Name: ....

Bemerkung: ....

Name: ....

Bemerkung: ....

Name: ....

Bemerkung: ....

Name: ....

Bemerkung: ....

Größentabelle Kleidung

BRD/ NT/AT CH/ES	FR/BE	IT	USA	GB	
32	34	36	4	6	XS
34	36	38	6	8	
36	38	40	8	10	S
38	40	42	10	12	
40	42	44	12	14	M
42	44	46	14	16	
44	46	48	16	18	L
46	48	50	18	20	
48	50	52	20	22	XL
50	52	54	22	24	XXL

Größentabelle Schuhe

GB	FR	USA	EU
2	37 ½	4	35
2 ½	38	4 ½	35.5
3	38 ½	5	36
3 ½	38 ½	5 ½	36.5
4	39	6	37
4 ½	40	6 ½	37.5
5	41	7	38
5 ½	41 ½	7 ½	38.5
6	42	8	39
6 ½	42	8 ½	39.5
7	42 ½	9	40
7 ½	42 ½	9 ½	40.5
8	43	10	41
8 ½	43	10 ½	41.5
9	43 ½	11	42
9 ½	43 ½	11 ½	42.5
10	44	12	43
10 ½	44 ½	12 ½	43.5

Maßgebliches

Einheiten Länge

1 Meter [m] = 39,3701 inch [in]
1 Meter [m] = 3,2808 foot [ft]
1 Meter [m] = 1,0936 yard [yd]

Einheiten Fläche

1 Quadratmeter [m^2] = 1550 square inch [in^2]
1 Quadratmeter [m^2] = 10,764 square foot [ft^2]
1 Quadratmeter [m^2] = 1,196 square yard [yd^2]

Einheiten Volumen

1 Liter [l] = 1,7596 UK pint [pt]
1 Liter [l] = 0,2200 UK gallon [gal]
1 Liter [l] = 2,1133 US pint [pt]
1 Liter [l] = 0,2642 US gallon [gal]

1 UK pint = 0,5683 dm^3
1 UK quart = 1,136 dm^3
1 UK gallon = 4,5455 dm^3
1 UK barrel = 163,656 dm^3

In gleicher Reihe erschienen ...

ISBN 978-3-7654-6820-9

ISBN 978-3-7654-8233-5

ISBN 978-3-7654-6808-7

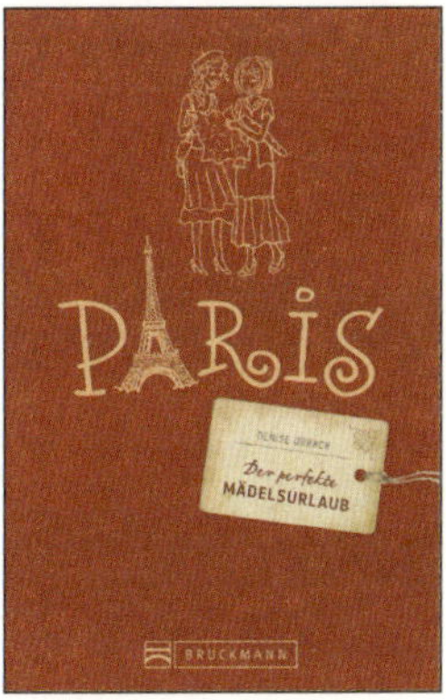

ISBN 978-3-7654-8232-8

BRUCKMANN

www.bruckmann.de

Impressum

Verantwortlich: Dorothea Sipilä
Illustrationen: Cornelia Seelmann, Berlin
Layout: u.s.design, Ute Schneider, München
Repro: Repro Ludwig, Zell am See
Herstellung: Barbara Uhlig
Gesamtherstellung: Verlagshaus GeraNova Bruckmann

★ ★ ★ ★ ★

Sind Sie mit diesem Titel zufrieden? Dann würden wir uns über Ihre Weiterempfehlung freuen. Erzählen Sie es im Freundeskreis, berichten Sie Ihrem Buchhändler, oder bewerten Sie bei Onlinekauf. Und wenn Sie Kritik, Korrekturen, Aktualisierungen haben, freuen wir uns über Ihre Nachricht an das Verlagshaus GeraNova Bruckmann, Postfach 40 02 09, D-80702 München oder per E-Mail an lektorat@verlagshaus.de.

Unser komplettes Programm finden Sie unter www.bruckmann.de

Bildnachweise: Themenseite »Nachahmenswert«: Stift © shutterstock/JelenaA; Modeskizze © shutterstock/vvoe. Themenseite »Bleibende Erfahrungen«: Ticket © shutterstock/spinetta. Themenseite »Die bleibt auf jeden Fall hier!«: Postkarte © shutterstock/strelov. Themenseite »Unbedingt zu Hause nachkochen!«: Rezeptblätter © shutterstock/kroomjai.

Die Deutsche Nationalbibliothek verzeichnet diese Publikation in der Deutschen Nationalbibliografie; detaillierte bibliografische Daten sind im Internet über http://dnb.d-nb.de abrufbar.

ISBN 978-3-7654-8457-5